LA
CRYPTOGRAPHIE,

OU

L'Art d'Écrire sous le Secret,

Mis à la portée de tout le monde, applicable à tous les idiômes, et dégagé des combinaisons, des chiffres et des caractères particuliers qui en rendent la pratique obscure, longue et sujète à erreurs.

PARIS,

Chez { Alex. Eymery, libraire, rue Mazarine, N.º 30.
Delaunay, libraire, Palais-Royal, galerie de bois.

1817.

LA
CRYPTOGRAPHIE,

OU

L'Art d'Écrire sous le Secret,

Mis à la portée de tout le monde, applicable à tous les idiômes et dégagé des combinaisons, des chiffres et des caractères particuliers qui en rendent la pratique obscure, longue et sujète à erreurs.

Par C. G.

PARIS,

IMPRIMERIE DE GILLÉ, RUE SAINT-JEAN-DE-BEAUVAIS, N.º 13.

1817.

Nota. Les planches d'exemples, les bandelettes ou clés pour le secret (dont trois en blanc), et le papier rayé pour *chiffrer*, se trouvent entre le dernier feuillet et la couverture.

Prix de l'ouvrage à Paris . . . . 2 fr. 50 c.

Tous les exemplaires seront revêtus du paraphe de l'auteur.

Cet ouvrage se vend aussi :

A BRUXELLES , chez { LECHARLIER , libraire.
                     { DEMOT , *idem.*
 MONS ,   —— LEROUX , *idem.*
 AMSTERDAM , —— DELACHAUX , *idem.*
 VIENNE ,   —— SCHUMBURG et compagnie, *idem.*
 FRANCFORT , —— SCHAEFFER , *idem.*
 LEIPSICK ,   —— GRISHOMMER , *idem.*
 VARSOVIE,   —— GLUCKSBERG , *idem.*
 MOSCOU ,   —— GAUTIER , *idem.*
 LONDRES ,   —— DULAU et compagnie, *idem.*
 NAPLES ,   —— ROMILLY , *idem.*
 LISBONNE,   —— MARTIN , *idem.*
 PORT-LOUIS (île de France), —— E. BURDET et compagnie, *idem.*

LA CRYPTOGRAPHIE,

OU

L'ART D'ÉCRIRE SOUS LE SECRET.

La diplomatie a, depuis long-temps, employé des chiffres ou des caractères particuliers dans sa correspondance; mais les différentes méthodes qu'elle a mises en usage jusqu'à ce jour, joignent au grand inconvénient de ne pas être d'une *sûreté mathématique*, celui d'être d'une exécution longue et sujète à erreurs. Ainsi le Ministre des Affaires étrangères est obligé, pour sa correspondance secrète, d'avoir recours à un Secrétaire *ad hoc*, tandis qu'il conviendrait mieux à sen S. Ex. de n'avoir à confier qu'à ELLE-MÊME et à son correspondant obligé, les pensées de haute importance qu'ELLE se voit forcée de faire *chiffrer* et *déchiffrer*. Ces considérations qui m'occupèrent pour la première fois, il y a environ quinze ans, époque à laquelle je sollicitais une place d'*élève aux Relations extérieures*, m'engagèrent à chercher les moyens d'écrire secrètement avec toute sûreté et sans embarrasser l'esprit de la personne qui *chiffre*, ou de celle qui *déchiffre*, d'aucun calcul et d'aucune combinaison. J'ai, depuis ce temps, imaginé différentes méthodes pour arriver au but que je m'étais proposé, avant de trouver le moyen sûr et facile que je vais publier (*a*); s'il ne semble pas digne de couvrir de son voile impénétrable les importantes pensées du ministère, il pourra défendre contre l'*indiscrétion*, les spéculations de l'intérêt, les doux épanchemens de l'amitié et les tendres sentimens de l'amour.

Sur une bandelette de papier (voyez celle qui est intitulée *Français*), je trace 40 divisions, et dans la direction de la ligne A j'écris, dans un ordre

---

(*a*) Voyez les notes ci-après, où ces diverses inventions sont décrites dans l'ordre où elles ont été conçues; elles ne sont pas toutes entièrement neuves, mais elles l'étaient pour moi, et ont toutes quelque chose qui m'appartient.

(4)

convenu avec mon correspondant, les 26 lettres de l'alphabet ; plus, j'y répète les lettres les plus usitées dans le discours, savoir : l'*a* une fois, le *c* une fois, le *d* une fois, l'*e* trois fois, l'*i* une fois, l'*l* une fois, l'*m* une fois, l'*n* une fois, l'*o* une fois, l'*r* une fois, l'*s* une fois et le *t* une fois. Et lorsque je veux *chiffrer* je fais glisser sur une feuille de papier, de haut en bas, parallèlement à lui-même, l'alphabet *amplifié* A, en pointant successivement sur cette feuille les lettres que je veux employer, à la place où elles se trouvent en passant. Ainsi, cet alphabet est la formule ou la clé du secret qui n'est connue que de mon correspondant et de moi. Cette formule peut se varier suivant un nombre infini de combinaisons, ce qui est un premier gage de la sûreté de ma méthode (*b*). De plus, les signes représentatifs des lettres sont tous pareils (ce sont tous des points) ; ils n'ont de valeur que par leur position. Mais si (comme dans les dix premières lignes des exemples) l'alphabet suivait sur la page une direction rectiligne, la répétition plus ou moins fréquente des points sur une direction connue, indiquerait les lettres de l'alphabet qui sont plus ou moins répétées dans le discours. Pour éviter cet inconvénient, qui ne nuirait cependant pas d'une manière sensible à la sûreté du secret, je fais glisser mon alphabet en appuyant son extrémité de gauche sur les contours d'un *talon* en papier noir, dont mon correspondant a le modèle, et que nous plaçons dans le pli du papier sur lequel nous *chiffrons* (*c*). Et de cette manière rien n'indique la valeur de position des points qui désignent les lettres de l'alphabet ; car on sent qu'on peut varier à l'infini les sinuosités du talon.

Maintenant si nous voulons ajouter à l'inviolabilité du secret, nous conviendrons :

1.º De nous servir de plusieurs autres formules ou alphabets B, C, D, écrits sur la même bandelette de papier, et nous les emploierons alternativement, dans un ordre convenu, c'est-à-dire, en les changeant à chaque dix lignes, à chaque demi-page ou à chaque page seulement.

2.º De placer, *hors des dimensions de la bandelette*, quelques points insignifians qui servent à tromper ceux qui chercheraient à reconnaître les sinuosités du *talon*. (Voyez depuis la 20.ᵉ ligne jusqu'à la fin des exemples).

(*b*) Si, à l'aide de la formule générale,

$$m. (m-1). (m-2). (m-3). (m-4). (m-5)\ldots$$

on calcule le nombre de combinaisons qu'on peut former avec 40 caractères, on verra que ce nombre infiniment grand est de plus de 60 chiffres.

(*c*) Il est important que le talon soit, pendant l'opération, maintenu bien exactement dans le pli du papier, et que son extrémité supérieure soit de niveau avec l'extrémité supérieure de la feuille de papier.

(5)

Les moyens de *chiffrer* étant bien conçus , il est évident que les moyens de *déchiffrer* le sont de même , car les uns sont la suite des autres.

L'exemple en français , *chiffré* avec l'alphabet A , contient les vers de la Henriade ci-après :

> Je chante ce héros qui régna sur la France ,
> Et par droit de conquête et par droit de naissance ;
> Qui par de longs malheurs apprit à gouverner ,
> Calma les factions , sut vaincre et pardonner ,
> Confondit et Mayenne , et la ligue et l'Ibère ,
> Et fut de ses sujets le vainqueur et le père.

Et pour prouver que ma méthode est applicable à tous les idiomes, je donne avec l'alphabet anglais A , un exemple anglais qui contient :

> From heav'n my strains begin; from heav'n descends
> The flame of genius to the human breast ,
> And love, and beauty, and poetic joy ,
> And inspiration,
>
> AKENSIDE.

En résumant donc ce que je viens d'exposer, je crois avoir prouvé jusqu'à l'évidence, que, d'après ma méthode, la Cryptographie est mise à la portée de tout le monde , qu'elle est d'un usage *sûr* et *facile* , et qu'en n'employant les caractères de l'écriture usuelle que dans leur véritable acception , elle n'occupe l'esprit de celui qui *chiffre* et de celui qui *déchiffre* , d'aucune substitution de caractères et d'aucune combinaison, ce qui évite les longueurs dans la pratique et les erreurs auxquelles donnent lieu les méthodes employées jusqu'à ce jour pour écrire sous le secret.

NOTES.

Mes premières idées sur l'art de la *Cryptographie* me portèrent à imaginer, il y a environ quinze ans, une petite machine dont je ne fais mention ici que parce qu'elle offre la solution d'un problème de mécanique assez curieux : *Deux cylindres tournant horizontalement sur le même axe*, L'UN DANS L'AUTRE ET INDÉPENDAMMENT L'UN DE L'AUTRE, et que parce qu'elle m'a conduit à la formule :

$$\frac{m^2.\,(m-1).\,(m-2).\,(m-3).\,(m-4).\,(m-5).\,(m-6).\,\ldots}{1\quad.\quad 3\quad.\quad 4\quad.\quad 5\quad.\quad 6\,\ldots}$$

qui n'est qu'une modification de la formule des coéfficiens du Binome de Newton , applicable au cas particulier où les transformations des combinaisons *suivent un ordre constant*, tel que celui qui résulte d'un mouvement de rotation dans un seul sens.

Cette petite machine n'ayant pas rempli mes vues , je cherchai de nouveaux procédés qui joignissent à toute la *sûreté possible* l'avantage d'employer les caractères de l'écriture usuelle dans leur *acception propre*. Je me représentai une page d'écriture composée en caractères mobiles d'imprimerie; je pensai que si on brisait la *forme* qui avait servi à imprimer cette page d'écriture , il serait impossible aux personnes qui ne connaîtraient pas ce qui était exprimé par cette *forme*, de réunir de nouveau les mêmes caractères mobiles dans le même ordre et de manière à reproduire les mêmes idées. Ce raisonnement me conduisit à imaginer le procédé que voici :

Une page d'écriture étant susceptible de contenir par exemple 320 lettres, j'ai 320 cartons de la grandeur de la page et dont chacun est percé d'un trou de la grandeur d'une lettre, à l'une des 320 places différentes que les 320 lettres doivent occuper dans la page ; ensuite je place mes 320 cartons numérotés en pile et dans l'ordre dont je suis convenu avec mon correspondant ; et en les présentant successivement sur la page, j'écris dans le trou de chacun une lettre *suivant l'ordre naturel du discours*. Et lui de son côté , pour *déchiffrer* ce que j'ai écrit , présente ses cartons dans l'ordre convenu , et retrouve les 320 lettres *suivant l'ordre naturel du discours* ; mais ce grand nombre de cartons étant volumineux et embarrassant, j'ai renoncé à en proposer l'usage. Je préfère à tous égards la méthode que je vais décrire ; elle offre la même *sûreté mathématique*, elle est beaucoup plus prompte , plus commode et n'a rien d'embarrassant.

Une feuille de papier à mémoire est percée d'environ 1200 trous (36 par ligne) ; au-dessus de chacun de ces trous est une lettre de l'alphabet, de manière que chaque ligne contient un alphabet complet de 26 lettres , et que les lettres les plus usitées dans le langage y sont répétées, savoir : l'*a* une fois, le *c* une fois, le *d* une fois, l'*e* deux fois, l'*i* une fois, l' *l* une fois, l'*r* une fois, l's une fois et le *t* une fois. Dans la ligne , les lettres sont disposées dans un ordre convenu entre les correspondans initiés dans le secret.

Pour chiffrer ou écrire, à l'aide de ce tableau, on place au-dessous une feuille de papier qui soit exactement des mêmes dimensions ; et on fait successivement, sous les lettres qui doivent servir à l'expression de la pensée, un petit trait qui désigne les lettres qu'on a voulu employer. Le correspondant, muni d'un tableau semblable, place sous son tableau la feuille marquée de petits traits qui lui est adressée, et *déchiffre* sans peine ce qui lui est écrit.

Ce procédé a sur tous ceux qui ont été employés jusqu'à ce jour, le grand avantage de n'exiger, de la part de ceux qui en font usage, aucune tension d'esprit, et de ne les assujettir à aucune combinaison ; cependant la méthode que j'ai donnée en commençant, et qui fait l'objet principal de ce petit écrit, me semble préférable, parce qu'elle offre même sûreté et mêmes avantages, que la clé du secret est moins embarrassante encore que ce grand tableau, et qu'enfin l'écriture *chiffrée* tient moins de place.

J'ai eu l'honneur d'écrire plusieurs fois à S. Ex. le Ministre des Affaires étrangères, pour LUI faire hommage de ces deux derniers procédés *Cryptographiques*, et pour LA prier de les faire examiner par des personnes capables et *désintéressées* ; n'ayant reçu aucune réponse, je me détermine à les rendre publics ; ils arriveront ainsi, je l'espère, à leur première destination ; et s'ils ne sont pas honorés des suffrages auxquels j'attache tant de prix, ils pourront du moins être accueillis dans la société.

Exemple Français.

Exemple Français.

[illegible]

Exemple Anglais.

Exemple Anglais
Exemple Anglais

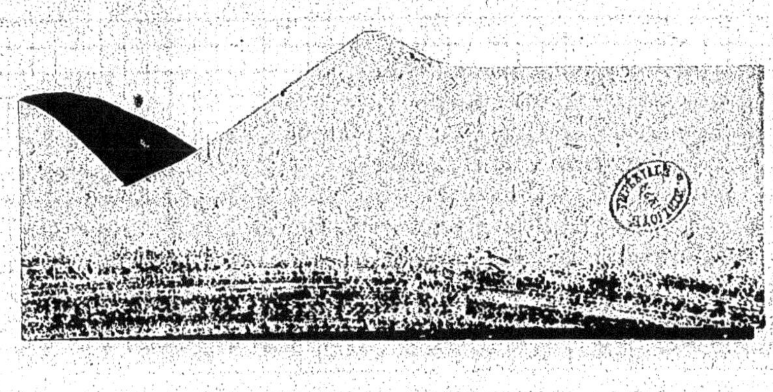

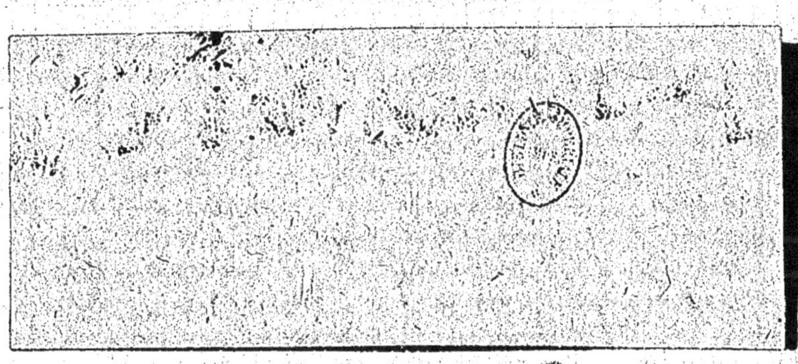

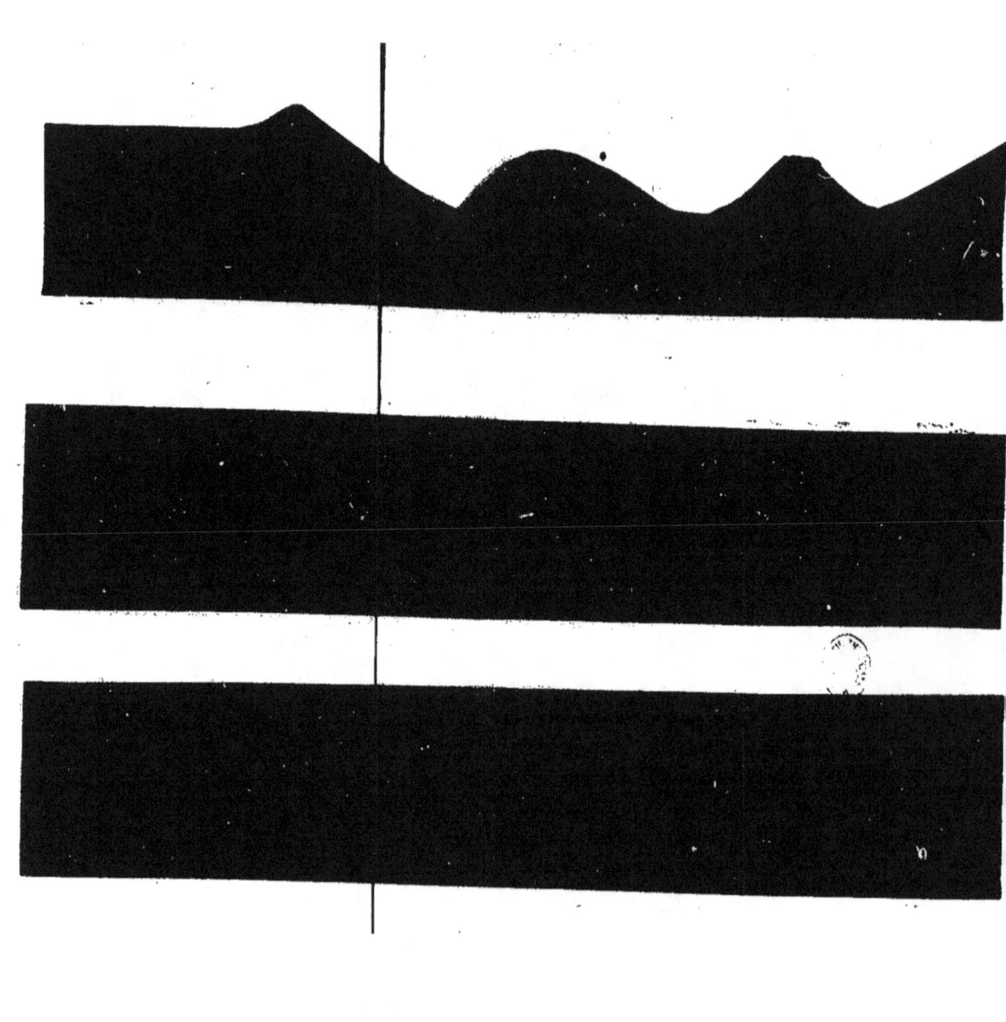

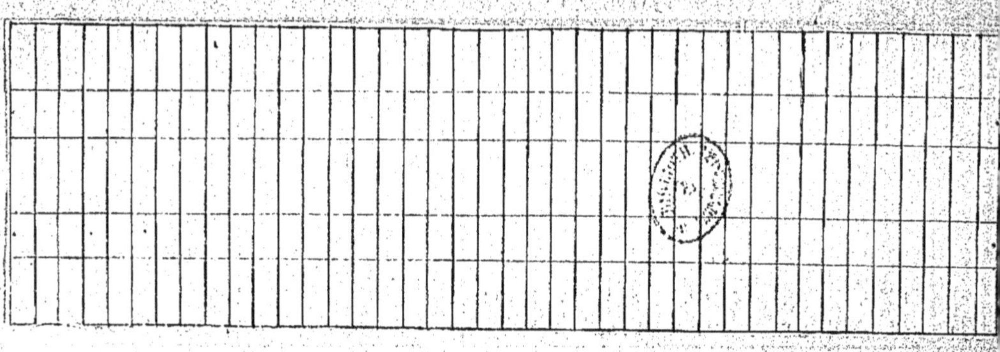
Français.

Anglais.

Criptographie.